www.ingramcontent.com/pod-product-compliance
Lightning Source LLC
LaVergne TN
LVHW050606200726
843508LV00010B/1780

آتشِ تر

(شعری مجموعہ)

مصنف:

خمار بارہ بنکوی

ISBN 978-93-5872-075-4

کتاب	:	آتشِ تر (شعری مجموعہ)
مصنف	:	خمار بارہ بنکوی
صنف	:	شاعری
ناشر	:	تعمیر پبلی کیشنز (حیدرآباد، انڈیا)
زیرِ اہتمام	:	تعمیر ویب ڈیولپمنٹ، حیدرآباد
سالِ اشاعت	:	۲۰۲۳ء
تعداد	:	(پرنٹ آن ڈیمانڈ)
طابع	:	تعمیر پبلی کیشنز، حیدرآباد –۲۴
صفحات	:	۱۵۴
سرورق ڈیزائن	:	تعمیر ویب ڈیزائن

”نیلائے غزل

کے

دیوانوں کے نام“

خمار بارہ بنکوی

ترتیب

اس دَور کے انسان وفا بھُول گئے ہیں ۱۵

درد بے کیف غم بے مزا ہوگیا ۱۷

سکونِ مستقل سے دل جو گھبرایا تو کیا ہوگا ۱۹

وہ جو مست آنکھوں کو نیل کر کے رو گئے ۲۱

مجھ کو یہ جان و دل قبول نغمے کو نغمہ ہی سمجھ ۲۳

منظورِ شکستِ دل مجھے کر اپنا ہی اک غمخوار سہی ۲۵

بادہ چھلکا کے اپنے جام سے ہم ۲۷

سجدوں کی رسمِ کہنہ کو ہوش گنوا کے بھُول جا ۲۹

شکستِ دل تو نہیں ہوں شکستہ پا ہوں میں ۳۱

دل و نگاہ پہ روشن لب و ذہن سے دُور ۳۳

ٹوٹ کر جب تک حوادث آشنا ہوتا نہیں ۳۵

غمِ دُنیا نے ہمیں جب کبھی ناشاد کیا ۳۷

برے حال پر وہ ترس کھا رہے ہیں ۳۹

بغور سننے لگے سب مری کہانی کو ۴۱

نہیں ہوتا اداۓ غم پنہاں نہیں ہوتا ۴۳

راز اپنے عشق کا بے پردہ درد دنیا پا گئی ۴۵

بجھ گیا دل حیات باقی ہے ۴۷

اندھیری رات تھی گو چاند بھی تھا اور تارے بھی ۴۹

راز یہ افشا ہوا ایک زمانے کے بعد ۵۱

نمی بے نور ہوتی جاتی ہے ۵۳

مٹ گئیں بے قراریاں زندگی کا نشہ آگیا ۵۵

قصہء فریاد نہیں اے دل ناشاد نہیں ۵۷

وقت نے انگڑائی لی ہے آج کل ۵۹

سیلِ حوادث سے نہ گھبرائیے ۶۲

لطفِ دوزخ بھی لطفِ جنت بھی ۶۴

غم نہاں کو چھپایا، مگر چھپا نہ سکے ۶۶

کہیں شعر و نغمہ بنے کہیں آنسوؤں میں ڈھل کے ۶۸

دن نئے شباب کے زندگی بدل گئی ۷۰

دل کشی چمن فروزوں، جشنِ بہارِ جاوداں ۷۲

دل ہے تپاں نہ آنکھ کا پُر نم ہے ان دنوں ۷۴

جام رکھیو لیے ہوئے پینا لیے ہوئے ۷۶

نقدِ مال و غم جو عطا کر رہے ہیں آپ ۷۷

جب وہ پشیمان نظر آئے ہیں ۷۹

رخصت اے جانِ تمنا آگیا وقتِ فراق ۸۱

غمِ دنیا بہت ایذا رساں ہے ۸۳

وہ بدنصیب ہیں جنہیں غم ناگوار ہے ——— ۸۵

وہ ہیں جس تقدر کو زمانے رہے ——— ۸۶

دل ہے برائے نام اب دل میں شگفتگی نہیں ——— ۸۹

ضبط کو نذرِ آہ کر ڈالا ——— ۹۱

تیرے غم نے جو دل پہ مارے ہیں ——— ۹۳

ہزار رنج سہے آنکھوں پہ بات ہی کیا ہے ——— ۹۵

ضبط کی آب و تاب سے عشق کو جگمگائے جا ——— ۹۷

بنتا جاتا ہوں میں دنیا کو حیرت ہوتی جاتی ہے ——— ۹۹

سمجھ کر ہونا تھا پریشاں ہیں پریشاں ہوگیا ——— ۱۰۱

کیا اڑتی ہیں ہم بادہ پرستوں سے گھٹائیں ——— ۱۰۳

ظلم دفن کے دیوانے عاشقی سے ڈرتے ہیں ——— ۱۰۵

خمارِ حزیں مسکرا تا چلا جا ——— ۱۰۷

جو نظر باعثِ تسکین جہاں ہوتی ہے ——— ۱۰۹

کیا جانے کون منزلِ راحت نظر میں ہے ——— ۱۱۱

رودیے تھی مسرور دل تھا شادماں کل رات کو ——— ۱۱۳

ہجر کی رُت غمگین فضائیں اُن کی محبت ہائے جوانی ——— ۱۱۵

ان کی تقریروں کا بھی دل پہ کوئی اثر نہیں ——— ۱۱۷

راز سب اپنے عشق کے بزم پہ چھا کے رہ گئے ـــــــ ١١٩

جو منکرین عشق بہت شاداں رہے ـــــــ ١٢١

اب اتنی زود رس م ہے زندگی سے ـــــــ ١٢٣

ایک شعلہ سا گراب شیشے سے پیمانے میں ـــــــ ١٢٥

واقف نہیں تم اپنی نگاہوں کے اثر سے ـــــــ ١٢٧

جور و جفائے حُسن بھی عشق کے حق میں کم نہیں ـــــــ ١٢٩

محبت بھی کیا شے ہے اللہ جانے ـــــــ ١٣١

بہاریں یوں ہمٹ آئی تھیں کگ زمانے کی ـــــــ ١٣٣

رہا خوفِ غم غم اُٹھانے سے پہلے ـــــــ ١٣٥

اے ہنسنے والو تم سے مرا اِک سوال ہے ـــــــ ١٣٧

نگاہِ ناز بھی دل پر گراں معلوم ہوتی ہے ـــــــ ١٣٩

ہر چوٹ اُبھر سی جاتی ہے ہر زخم ہرا ہو جاتا ہے ـــــــ ١٤١

آج ہم ناگہاں کسی سے ملے ـــــــ ١٤٣

جبھی اُس بے وفا سے اُن بنی ہے ـــــــ ١٤٥

دردِ دل میں کمی نہ ہو جائے ـــــــ ١٤٧

سنگ و آہن سے گرانی نہیں ہوا ہوتا ہے ـــــــ ١٤٨

یہی تو سکے ابھی بزم نظام م گلستاں کریں ـــــــ ١٤٩

اب شوخیاں کسی کی ہیں تمہیدِ حجاب میں ـــــــ ١٥٠

کیف و سرور جو بھی بن بے حد و بے حساب بن ـــــــ ١٥١

آتشِ تر

○

دیکھتے ہی مجھے دل والوں نے دل تھام لئے
درد وہ شے ہے جسے حاجتِ فریاد نہیں

سمجھے تھے بعدِ ترکِ تعلق بکھریں گے دن!
دیکھا تو ربط اور بھی محکم ہے ان دنوں

○

آتشِ تر

حَرفِ آغاز

غزل، جس کا ہر شعر ہوا کے نرم اور لطیف جھونکے کی طرح آئے اور گزر جائے اور دل میں تازگی کی ایک کیفیّت پیدا کر جائے'۔۔ یہ ہے خمار کی شاعری ۔۔۔۔۔ اِس میں غزل کی کئی سو برس کی روایات کی تہذیب اور شائستگی ہے۔۔ اور نہ ہی بیانی کا ایک ایسا جادو ہے جو فریب میں مبتلا کر دیتا ہے۔۔ یہ یقین کرنے کو جی چاہنے لگتا ہے کہ ایسا شعر تو ہم بھی کہہ سکتے ہیں، مگر اقبال اور غالب کے رنگ میں کہنا آسان ہے اور اِس رنگ میں کہنا مشکل ۔۔۔۔۔ اِس کی وجہ یہ ہے کہ اِس میں فکر اور خیال کی گمبھیرتا اور تشبیہ و استعارہ کی تراش خراش

آتشِ تر

ایک تیرے سے ہے ہی نہیں' جس کی نقل کی جائے ۔ یہ تیرا اور
اُن کے ہم عصروں کی روایت ہے ' جن کے یہاں خارجی آرائش
برائے نام تھی ۔ یہ شاعری شاعر کی اپنی طبیعت کی شگفتگی اور
شخصیت کی دلنوازی سے آراستہ ہے اور اُس شخصیت کی نقل کرنا
مُنہ چڑانے کے برابر ہے ۔

خمار بڑے اچھے دوست ہیں اور اُن کا پیار اپنی اور سادگی
اُن کی غزلوں میں مُنتقل ہو گئی ہے ۔

غمِ نہاں کو بُھلایا مگر بُھلا نہ سکے
لبوں کو چھیڑ یا دل سے مُسکرا نہ سکے

—

دل کو ترکِ محبت پہ کیا کیا ہے ناز
لیکن اُن کا اگر سامنا ہو گیا
زندگی کیا یہ عالم ہے تیرے بغیر
شانے سے پُھول گو یا جُدا ہو گیا
غمِ دُنیا نے ہمیں جب کبھی ناسِہا کیا
اے غمِ دوست تجھے ہم نے بہت یاد کیا
مجھے قبول دو عالم کی ظلمتیں یا رب
اجالا ہو نہ کبھی اُن کی انجمن سے دُور

آتشِ تر

جام و ساغر کہاں وہ آنکھ کہاں
پھندؤوں ہی سے ہیں ستارے ہیں
اے غمِ دوست تیری عمرِ دراز
ہم نے جنت میں دن گزارے ہیں

ان اشعار میں جن کا انتخاب بغیر کسی وش کے کیا گیا ہے، محبوب کی دلبسپری اور عاشق کی غمِ آشنا دلنوازی دونوں کا امتزاج ہے۔ محبوب پر طنز خمار کی فطرت میں نہیں ہے۔ اس شاعری میں وہی محبوب نوازی ہے جو دکن کے ولی کی خصوصیت ہے۔ اسی کو میں نے خمار کی سادگی اور پیارا پن کہا ہے۔

ایک اور بات جو ان کے یہاں نمایاں ہے وہ زندہ رہنے کا حوصلہ ہے۔ جس کا اظہار وہ بہت کھلے الفاظ میں نہیں کرتے، یہ کیفیت بہت رچی ہوئی ہے ؎

محبت انتظار در آئی کا نام ہے اے دل
کوئی آیا تو کیا ہوگا نہیں آیا تو کیا ہوگا

ظاہر ہے اس مزاج کے شاعر کے لیے زندگی کبھی لطف سے خالی نہیں ہو سکتی۔ وہ لوگ جو زمانے کی شکایت کرتے رہتے ہیں اس حسین لذت سے واقف نہیں ہیں، جو اس شعر میں ہے ؎

آتشِ تر

حفاظت چاہیے، دل کی حفاظت چھوڑ گلشن کی
اُجڑ جاتا ہے دل، گلشن کبھی ویراں نہیں ہوتا

اسی بات کو انہوں نے ایک دوسرے اور بالکل ہی دوسرے انداز
سے کہا ہے اور یہاں وہ مکمل گئے ہیں اور اپنی خود اعتمادی کا اعلان
کر دیا ہے ؎

شکستہ دل تو نہیں ہوں شکستہ پا ہوں نہیں
بڑے غرور سے منزل کو دیکھتا ہوں میں

اس شاعری کی کارفرمائی حسن و عشق کی چند محدود واردات تک
ہے، لیکن وہ ایسی ہیں جن سے زندگی کی لذت بڑھتی جاتی ہے اور
زندہ رہنے میں مزا آنے لگتا ہے ۔ لیکن اس کے بعد بھی کہیں کہیں
اخلاقی مسائل جھلکنے لگتے ہیں اور غم دوراں غم جاناں کے برابر آ کھڑا
ہوتا ہے مگر اس انداز دلنشینی کے ساتھ کہ شعر کی سبک رفتار
میں کسی قسم کی گرانی پیدا نہیں ہونے پاتی ۔

خمار کی غزلوں کی ایک اور خصوصیت اُن کی بے پناہ نغمگی
ہے، میرا خیال ہے کہ شاعر کی فکر پر اُس کے گلے کا بہت اثر پڑتا
ہے، کیونکہ تخلیقِ شعر کے وقت وہ اُس کے خارجی اور داخلی آہنگ
کو اپنے ہی گلے کی آواز میں سنتا ہے ۔ خمار کے ترنم میں ایک
نشاط انگیز سوز ہے ۔ یہی نشاط انگیز سوز اُن کے شعروں میں بھی

آتش تر

مجھے یقین ہے کہ آپ کاغذ پر بھی اُن کی گنگناہٹ محسوس کرسکتے ہیں ۔ ۔

خمار کے معنوی اور شعری خاندان کا سلسلہ غالبؔ، اقبالؔ اور جوشؔ سے نہیں ملتا ۔ جگرؔ مراد آبادی کا عکس زیادہ ہے ۔ مگر یہ صرف عکس ہی ہے ۔ اصلیت خمار اور اُن کی شاعری ہے ۔ اِس زمانے میں جب شاعری فکری رُجحانات اور سماجی مفہوم سے بہت زیادہ بوجھل ہوگئی ہے ، ایسی لطیف شاعری تسکین رُوح کا باعث ہے جس کی نہک پھولوں کی طرح بھینی اور پرواز تتلیوں کی طرح سبک ہے ۔

یہ مجموعہ جتنا مختصر ہے اتنا ہی دلفریب ہے ۔ یہ ایک خوبصورت سوغات اور حسین تحفہ ہے خمار کی طرف سے ۔ کون ہے جو اسے ہاتھوں ہاتھ نہیں لے لے گا ۔

سردار جعفری

بمبئی ۔ اگست ۱۹۶۴ء

آتش تر

○

اس دور کے انسان وفا بھول گئے ہیں
بے چارے فرشتے ہیں خطا بھول گئے ہیں

اب میری محبت کو نہیں اس کی بھی پروا
وہ یاد بھی کرتے ہیں، یا بھول گئے ہیں

منزل مِرا مقصود ہے یا دوری منزل
یہ بات مرے راہنما بھول گئے ہیں

مدّت ہوئی میں غم سے بھی محروم ہوں یارب
کیا حادثے بھی میرا پتہ بھول گئے ہیں

آتشِ تر

ہم بھُول گئے ان کو خوشی بھی ہے یہ لیکن
یہ رنج بھی ہے واقعی کیا بھُول گئے ہیں

آزار کسی ہی عشق مگر ہائے رے لذّت
وہ درد بھلا ہے کہ دَوا بھُول گئے ہیں

کس مُنہ سے شکایت کریں ہم تلخیٔ غم کی
کیا زہرِ مسرّت کا مَزا بھُول گئے ہیں

کہنا ہے خمار اُن سے بہت کچھ ہمیں لیکن
کیا جانیے کیا یاد ہے کیا بھُول گئے ہیں

○

آتشِ تر

درد بے کیف، غم بے مَزا ہو گیا
ہو نہ ہو کوئی مجھ سے خَفا ہو گیا

بعدِ ترکِ تعلق یہ کیا ہو گیا
ربط پہلے سے بھی کچھ سوا ہو گیا

التفاتِ مُسلسل بَلا ہو گیا
خود میں گھبرا کے اُن سے خَفا ہو گیا

غم نے اِس طرح رنگ رنگ کے بدلے لئے
مُسکرانا بھی اِک حادثہ ہو گیا

آتشِ تر

دل کو ترکِ محبت پہ کیا کیا ہے ناز
لیکن اُن کا اگر سامنا ہو گیا

زندگی کا یہ عالم ہے تیرے بغیر
شاخ سے پھُول گویا جُدا ہو گیا

اور بھی عشق کی جان پر بن گئی
حُسن جب مُبتلائے وفا ہو گیا

دل کچھ اِس طرح دھڑکا تری یاد میں
میں یہ سمجھا ترا سامنا ہو گیا

عشق میں جان بھی دے دی میں نے خمار
آج حق زندگی کا ادا ہو گیا

○

آتشِ تر

○

سکونِ مستقل سے دل جو گھبرایا تو کیا ہوگا
فریبِ ترکِ اُلفت بھی نہ راس آیا تو کیا ہوگا

محبّت انتظارِ دائمی کا نام ہے اے دل
کوئی آیا تو کیا ہوگا نہیں آیا تو کیا ہوگا

یہ کیسا محشرِ نَو ہے نہ آنسو ہیں نہ آہیں ہیں
سنبھل اے عشق اگر غم نے بھی ٹھکرایا تو کیا ہوگا

نہ کر ناز اے دلِ ناداں ابھی ترکِ محبّت پر
نصیبِ دُشمناں کوئی جو یا د آیا تو کیا ہوگا

آتش تر

غزل بعدِ جگر اِک کشتیٔ بے ناخدا سی ہے
اگر طوفان کوئی اسے خمار آیا تو کیا ہوگا

○

؂ جگر مراد آبادی مرحوم

آتشِ تر

○

وہ جو مست آنکھوں کو مَیل کر کے رہ گئے
کیسے کیسے دُور چل کر کے رہ گئے

آہ جن اشکوں کو پی جانا پڑا
اُن جو دریا رُخ بدل کر کے رہ گئے

لغزشیں بے کیف سجدے بے مَزا
دل جو بدلا سب بدل کر کے رہ گئے

آ بھی جا اب اے مرے ماہِ تمام
دن بھی اب راتوں میں ڈھل کر کے رہ گئے

آتشِ تر

غم کسے ہو آشیانے کا ہمارے
چار تنکے ہی تو جل کر رہ گئے

ہم تو بہکے عشق میں ناصح مگر
ہائے رے وہ جو سنبھل کر رہ گئے

وقت کے ہاتھوں ہزاروں کارواں
منزلیں اپنی بدل کر رہ گئے

شمع جل اٹھی تو پروانے جلے
پیشتر ہی کیوں نہ جل کر رہ گئے

مسکرانے کے ارادے اے خمار
بار ہا اشکوں میں ڈھل کر رہ گئے

〇

آتشِ تر

مجھ کو بہ جان و دِل قبول نغمے کو نغمہ ہی سمجھ
ساز پہ بیتتی ہے کیا' یہ بھی کبھی کبھی سمجھ

عشق ہے تشنگی کا نام' تو رہ دے گر ملے بھی جام
شِدّتِ تشنگی نہ دیکھ، لذّتِ تشنگی سمجھ

عقل کے کاروبار میں دِل کو بھی رکھ شریکِ کار
دِل کے مُعاملات میں عقل کو اجنبی سمجھ

حُسن کی مہربانیاں عشق کے حق میں زہر ہیں
حُسن کے اجتناب تک عشق کی زندگی سمجھ

آتشِ تر

عشق ہے وحدتِ تمام' شرک ہے عشق میں حرام
اپنی خوشی خوشی نہ جان' اس کی خوشی خوشی سمجھ

غنچہ و گل کے ساتھ ساتھ دل کی طرف بھی اِک نظر
شیفتہ شگفتگی' وجہ شگفتگی سمجھ

ترکِ تعلقات بھی' عینِ تعلقات ہے
آگ بجھی ہوئی نہ جان' آگ دبی ہوئی سمجھ

ایسے بھی راز ہیں خمار ہوتے نہیں جو آشکار
اپنی ہی مشکلیں نہ دیکھ' اُن کی بھی بے بسی سمجھ

○

آتشِ تر

منظورِ شکستِ دلِ مجھ کو اپنا یہی اِک غم خوار سہی
بے کیفئ خلوت کچھ تو مٹے نغمہ نہ سہی جھنکار سہی

نسبت تو چمن سے رکھتے ہیں اربابِ چمن پر بار سہی
پھولوں کو مبارک رعنائی، ہم خار اگر ہیں خار سہی

آئی ہیں بہاریں زنداں تک، کس دن یہ لہو کام آئے گا
دیوانو بہ یادِ صحنِ چمن تزئینِ درو دیوار سہی

ٹوٹے ہوئے دل کو پیروا کیا، ناشاد رہے یا شاد رہے
ڈوبی ہوئی کشتی کو غم کیا، ساحل نہ سہی منجدھار سہی

آتشِ تر

دیکھا نہیں جا سکتا جلوہ ایسا تو نہیں لیکن اے دل
تو بینِ جمالِ یار نہ ہو اپنی ہی نظر بیکار سہی

تم جیسے ہی بندِ دل کے دم سے دوزخ ہے یہ پُر رونق دُنیا
میخانہ سلامت اے واعظ جنت کے تمہیں حقدار سہی

کانٹے جو بچھائے یہ دُنیا گھبرا نہ خمارؔ اے بلبلِ پا
تبلیغِ محبت کرتا جا، ماحول وفا بیزار سہی

○

آتش تر

باده چھلکا کے اپنے جام سے ہم
صبح پر ہنس رہے ہیں شام سے ہم

مسکرانا کسے عزیز نہیں
ڈرتے ہیں غم کے انتقام سے ہم

اپنے بھی نقشِ پا جہاں دیکھے
ہو کے گذرے نہ اُس مقام سے ہم

دل ہمارا ابھی ہے بندھ صحال مگر
بے تعلق ہیں وضعِ عام سے ہم

آتشِ تر

اس سے بڑھ کر کوئی عذاب نہیں
کانپتے ہیں خوشی کے نام سے ہم

ہائے رے سردِ مہری ساقی
پی کے بھی اُٹھے تشنہ کام سے ہم

بے خودی کام آ گئی ورنہ
اے زمانے گئے تھے کام سے ہم

شیشۂ دلِ شکستہ آنکھیں نم
جی رہے ہیں کس اہتمام سے ہم

شب پڑی ہے گذارنے کو خمار
اور گھبرا رہے ہیں شام سے ہم

O

آتشِ تر

○

سجدوں کی رسمِ کہنہ کو ہوشِ گنوا کے بھول جا
سنگِ درِ حبیب پر سر کو جھکا کے بھول جا

عشق کو برقرار رکھ، دل کو لگا کے بھول جا
اُس سے بھی مطمئن نہ ہو اُس کو بھی پا کے بھول جا

دل سے تڑپ جدا نہ کر، ساز کو بے صدا نہ کر
درد جو ہو فغاں طلب، ہونٹ ہلا کے بھول جا

درد اُٹھے تو اُٹھا کرے، چوٹ لگے تو لگا کرے
کچھ بھی ہو تو بنامِ دوست ہنس کے ہنسا کے بھول جا

آتشِ تر

اُس کے ستم کی داستاں آنے نہ پائے تا زباں
دل ہو اگر بہت تپاں خود کو سُنا کے بُھول جا

جام بہ دستِ دے یہ جام یُونہی گذار صبح و شام
زیست کی تلخی مُدام پی کے پلا کے بُھول جا

منزلِ عشق سے گذر بے خود و مست بے خبر
چوٹ لگے تو اُن نہ کر دل کو دبا کے بُھول جا

گذرے ہوئے زمانے کو یاد نہ کر کبھی خُمار
اور جو یاد آ ہی جائے اشک بہا کے بُھول جا

○

آتشِ تر

◯

شکستہ دل تو نہیں ہوں ہوں شکستہ پا ہوں میں
بڑے غرور سے منزل کو دیکھتا ہوں میں

مرے نشاط کی دُنیا اُجاڑنے والے
تمام شب تجھے پہلو میں ڈھونڈتا ہوں میں

حریمِ ناز کی رفعت ارے معاذ اللہ
دُعا کرز کے پکاری کہ نارسا ہوں میں

کبھی ہوا جو اُنہیں میرے درد کا احساس
مِرا نصیب پکار اکہ دیکھتا ہوں میں

آتشِ تر

اَجل خمار مرا آکے کیا بگاڑے گی
کہ موت آنے سے پہلے ہی مَر چکا ہوں میں

○

○

آپ کی ضِدِ بے محل سے کلیسیؔم
سب کی نظروں کا اعتبار گیا

ترکِ اُلفت ارے معاذاللّٰہ
بے قَراری گئی قرار گیا

○

آتشِ تر

○

دل و نگاہ پہ روشن لبِ دہن سے دُور
رموزِ حُسن و محبّت ہیں علم و فن سے دُور

مجھے قبول دو عالم کی ظلمتیں یا رب
اُجالا ہو نہ کبھی اُن کی انجمن سے دُور

غلط کہ رنگ نہ لایا لہو شہیدوں کا
بہار آئی تو لیکن مرے چمن سے دُور

خوشی سے جشنِ چراغاں مناتئیے لیکن
اندھیرا کیجئے پہلے تو اپنے من سے دُور

آتشِ تر

سلوکِ اہلِ وطن کی نہ پُوچھیے رُوداد
وطن میں رہ کے بھی رہنا پڑا وطن سے دُور

فغاں کہ لُوٹ لیا اُن کو راہبرِ نکہر خمار
وہ راہرو جو رہے دستِ راہزن سے دُور

O

آتشِ تر

○

ٹوٹ کر جب تک حوادث آشنا ہوتا نہیں
اور کچھ بھی ہو تو ہو دل آئینہ ہوتا نہیں

زندگی کی تلخیوں کو زہر سمجھوں یا شراب
آ کہ تجھ بن مجھ سے اِس کا فیصلہ ہوتا نہیں

جب محبت فتح پا لیتی ہے تب آتے ہے ہوش
جب محبت وار کرتی ہے پتہ ہوتا نہیں

حسن کی مجبوریوں کا تجھ کو ناصح کیا پتہ
وہ بھی غم ہیں جن پہ غم کا شائبہ ہوتا نہیں

آتشِ تر

آہ وہ آنسو جو آنکھوں ہی میں ہو جاتے ہیں گم
ہائے وہ مطلب جو لفظوں میں ادا ہوتا نہیں

عشق کا حُسنِ نظر سے بھی ہے برابر کا شریک
حُسن تنہا دلفریب و دلربا ہوتا نہیں

کیسے کیسے محشرِ خاموش ہوتے ہیں بپا
جب بظاہر دو دلوں میں رابطہ ہوتا نہیں

ہٹ کے رسمِ عام سے دستورِ نو کوئی خمار
جان دینے سے وفا کا حق ادا ہوتا نہیں

○

آتشِ تر

غم دنیا نے ہمیں جب کبھی ناشاد کیا
اے غمِ دوست تجھے ہم نے بہت یاد کیا

حسنِ معصوم کو آمادۂ بیداد کیا
مجھ کو خود میری تمناؤں نے برباد کیا

اشک بہہ بہہ کے مرے خاک پہ جب گرنے لگے
میں نے تجھ کو ترے دامن کو بہت یاد کیا

قید رکھا ہمیں صیاد نے کہہ کہہ کے یہی
ابھی آزاد کیا بس ابھی آزاد کیا

آتشِ تر

پھر گئیں نظروں میں آنسو بھری آنکھیں اُنکی
جب کبھی غم نے مجھے مائلِ فریاد کیا

ہائے وہ دل مجھے اُس دل پہ ترس آتا ہے
تُو نے برباد کیا جس کو نہ آباد کیا

آہ وہ خاطرِ نازک نہ ہو مغموم کہیں
ہچکیاں کہتی ہیں آج اُس نے مجھے یاد کیا

تجھ کو برباد تو ہونا تھا بہرحال خمار
نازِ نازک کہ اُس نے تجھے برباد کیا

○

آتشِ تر

○

مرے حال پر وہ ترس کھا رہے ہیں
جبینِ محبت پہ بل آ رہے ہیں

لبوں پر تبسم نگاہوں میں مستی
اداؤں کے جھرمٹ میں وہ آ رہے ہیں

نظر مل گئی ہے جو میری نظر سے
پسینے پسینے ہوئے جا رہے ہیں

وہ لب ہائے نازک پہ بارِ تکلم
وہ گویا کھڑے رنگ برسا رہے ہیں

آتشِ تر

خمار اپنے مرنے کا غم ہے تو اتنا

کہ اِک بے وفا سے چھٹے جا رہے ہیں

○

آتشِ تر

○

بغور سننے لگے سب مری کہانی کو
نظر سے لگے نہ کسی کی تری جوانی کو

ادائیں کب یہ میسّر تھیں زندگانی کو
دعائیں دیجے حسینوں کی مہربانی کو

سبب نہ پوچھ مرے گریۂ مسلسل کا
بہت قریب سے دیکھا تھا شادمانی کو

بناوتیں تو بہت کیں زمانے والوں نے
مٹا سکے نہ محبت کی حکمرانی کو

آتشِ تر

کریں وہ شکوۂ بے جا تو شکر کیجے ادا
یہ پیار ہے جو بڑھاتا ہے بدگمانی کو

ڈبو دیا اُنہیں اشکوں کے جزر و مد نے مجھے
تمام عمر جو ترسا کیے روانی کو

بُرا وہ عیش جو بخشے سکونِ مرگِ خمار
بھلا وہ رنج جو چونکا دے زندگانی کو

○

آتشِ تر

نہیں ہوتا مُداوا اے غمِ پنہاں نہیں ہوتا
بظاہر ہنس لیا جاتا ہے دل خنداں نہیں ہوتا

پریشانی میں ہنس دینا جسے آساں نہیں ہوتا
وہ کم ہمت سزاوارِ غمِ جاناں نہیں ہوتا

محبت کو سمجھنا ہے تو ناصح خود محبت کر
کنارے سے کسی کا اندازۂ طوفاں نہیں ہوتا

حفاظت چاہیئے دل کی حفاظت چھوڑ گلشن کی
اُجڑ جاتا ہے دل گلشن کبھی ویراں نہیں ہوتا

آتشِ تر

محبت نے مجھے پہنچا دیا ہے اِس بلندی پر
کہ اب اُن سے بھی میرے درد کا درماں نہیں ہوتا

سبھی کچھ ہو رہا ہے اِس ترقی کے زمانے میں
مگر یہ کیا غضب ہے آدمی انساں نہیں ہوتا

نشیمن کیا چمن سے ربط ہونا چاہئے دل کو
نشیمن کے اُجڑنے سے چمن ویراں نہیں ہوتا

طوافِ کعبہ برحق، بندگی واجب، مگر زاہد
بغیرِ پرستی آدمی انساں نہیں ہوتا

محبت میں یہ کیا اندھیر ہے توبہ ارے توبہ
کہ ہم ہنستے چلے جاتے ہیں غم پنہاں نہیں ہوتا

فراقِ یار میں مرنا خمار آسان ہوتا ہے
فراقِ یار میں جینا خمار آساں نہیں ہوتا ○

آتشِ تر

راز اپنے عشق کا بے دردِ دنیا پا گئی
الفراق اے حضرتِ دل آپ کی موت آ گئی

کیف و بے کیفی نشاط و غم سکون و اضطراب
جو گھٹا دل سے اُٹھی سارے جہاں پر چھا گئی

اے خوشا وہ چل دیئے دنیا سے جو مردانہ وار
ہائے وہ جن کو بقیدِ زندگی موت آ گئی

آج نالے نے کہیں کا بھی نہ رکھا تھا ہمیں
وہ تو یہ کہئے کہ تیری یاد آڑے آ گئی

آتشِ تر

جب کبھی ہم نے کیا ترکِ محبت کا خیال
اشک بھی آنکھوں میں بھر آئے ہنسی بھی آ گئی

میں نے سب کچھ کھو دیا ان سے جدا ہو کر خمار
اور دُنیا اتنی خوش ہے جیسے سب کچھ پا گئی

O

آتشِ تر

○

بجھ گیا دلِ حیات باقی ہے
چھپ گیا چاند رات باقی ہے

حالِ دل اُن سے کہہ چکے سَو بار
اب بھی کہنے کی بات باقی ہے

اے خوشا خاتمِ اجتناب مگر
محشرِ التفات باقی ہے

عشق میں ہم سمجھ چکے سب سے
ایک ظالم حیات باقی ہے

آتشِ تر

ناصحانِ کرام کے دم سے
شورشِ کائنات باقی ہے

رات باقی تھی جب وہ بچھڑے تھے
کٹ گئی عمر رات باقی ہے

رحمتِ بے پناہ کے صدقے
اعتمادِ نجات باقی ہے

نہ وہ دل ہے نہ وہ شباب خمار
کس لیے اب حیات باقی ہے

○

آتش تر

○

اندھیری رات تھی گو چاند بھی تھا اور تارے بھی
مری آنکھوں نے دیکھے ہیں خمار ایسے نظارے بھی

کوئی عیش و مسرت کے طلب گاروں سے کہہ دیتا
کہ گذرے تھے انہیں راہوں پہ پہلے غم کے مارے بھی

محبت سے الگ رہنا ہی بہتر حضرتِ ناصح
مگر اکثر سفینے ڈوب جاتے ہیں کنارے بھی

دل و جاں تجھ پہ صدقے میرے آنسو پونچھنے والے
مگر آنکھوں کو چھونے دے رہے ہیں کچھ شرارے بھی

آتشِ تر

سمجھ میں کاوشِ اربابِ محبت کی یہ آجائے
کہ دل کے ٹوٹتے ہی ٹوٹ جاتے ہیں سہارے بھی

وہ کیوں جائیں بھلا جن کے لئے فردوس ہے دنیا
کہ اس فردوس میں آباد ہیں کچھ غم کے مارے بھی

اسے اوڑھ جانے والے لوٹ کر رونق مرے گھر کی
یہ کاش اپنے ساتھ یہ سونے نظارے بھی

خمار اب یہ زمانہ شوق سے ہم پر ہنسے لیکن
محبت کو خدا بخشے کبھی تھے دن ہمارے بھی

०

آتشِ تر

○

راز یہ افشا ہوا ایک زمانے کے بعد
وہ بھی تڑپتے رہے مجھ کو ستانے کے بعد

کچھ نہ بنائے بنی روٹھ کے آنے کے بعد
پھر وہیں جانا پڑا ٹھوکریں کھانے کے بعد

بجھ گئی آنکھوں کی پیاس مٹ گئیں رعنائیاں
حسن فنا ہو گیا سامنے آنے کے بعد

آفتِ جاں بن گئیں شِدّتیں احساس کی
ہم نہ کہیں کے رہے ہوش میں آنے کے بعد

آتشِ تر

بن گئیں گھڑیاں صدی لمحے برس بن کے گئے
وقت ٹھہر سا گیا آپ کے جانے کے بعد

طُولِ فراق الحذر گہرے تھے نقش اِس قدر
مدتوں ٹیسے رہے ہم اُنہیں پانے کے بعد

اور رسوا ہو گیا صدمۂ مرگِ مجاز
آنکھ بھر آئی خمار جام اُٹھانے کے بعد

ئے (اسرار الحق مجاز مرحوم)

O

آتشِ تر

○

ہستی بے سُود ہوئی جاتی ہے
راہ مَسدُود ہوئی جاتی ہے

ایک ہنگامہ ہے بالائے فلک
فلک مَسجُود ہوئی جاتی ہے

تُجھ کو پا کر مری دُنیائے خیال
شیشے موجُود ہوئی جاتی ہے

کعبۂ دل میں کسی کی صورت
میری معبُود ہوئی جاتی ہے

آتشِ تر

وُسعتِ شوقِ خمار اُن کے حُضور
کتنی محدُود ہوئی جاتی ہے

۱

۞

چلا ہوں میں کوُچے سے اُن کے بگڑ کر
ہنسی آ رہی ہے کہ آنا پڑے گا

توبہ سپردِ ابر و ہوا کرتے ہی بنی
رحمت کی چھیڑ چھاڑ نے مجبور کر دیا

۞

آتش تر

◯

مٹ گئیں بے قراریاں زندگی کا مزہ گیا
ہائے وہ بدنصیب دل جس کو قرار آگیا

عالمِ جبر و اختیار دیکھ لیا حضورِ یار
بات بھی کر سکے نہ ہم چپ بھی نہیں رہا گیا

کر گئے پُرسشِ مزاج، وہ بھی خوش نصیب آج
غم پہ خدا کی رحمتیں اُن کو بھی پیار آگیا

اُن سے نگاہ ملتے ہی زندگی یوں نکھر اُٹھی
عنصرِ گم شدہ کوئی جیسے کہ ہاتھ آگیا

آتش تر

رہ گئی حسرتِ کلام بات نہ ہو سکی تمام
ناصح مہرباں سلام پھر کوئی یاد آگیا

اف یہ عرق عرق جبیں آہ یہ خشک خشک لب
بس بس اب اضطرابِ دوست مجھ کو قرار آگیا

مل گئی جب نگاہِ یار، پوچھ نہ وہ سماں خمار
پھول سے جیسے کھل گئے ابر سا جیسے چھا گیا

O

آتشِ تر

قصدِ فریاد نہیں اے دلِ ناشاد نہیں
اُن کی بیداد کسی غیر کی بیداد نہیں

سننے والے اے غمِ دل کے مری آنکھوں کو بھی دیکھ
اِن میں محفوظ ہے جو کچھ کہ مجھے یاد نہیں

ضبط کی منزلیں کہہ کہہ کے یہ بیٹھے کیں میں نے
اُن کے پہلو میں بھی دل ہے کوئی فولاد نہیں

ڈبڈبائی ہوئی آنکھوں میں تری اے ظالم
پھر یہ کیا شے ہے اگر حاصلِ فریاد نہیں

آتشِ تر

حالِ دل کہنے بڑی شان سے آئے تھے خمار
اب جو سننے کو وہ بیٹھے ہیں تو کچھ یاد نہیں

○

○

خواب شوقِ ہوں برباد انتظار ہوں میں
کسی کے وعدۂ فردا کی یادگار ہوں میں

خمارِ عہدِ مسرت کا سوگوار ہوں میں
جو کھو دیا ہو کسی نے وہ اعتبار ہوں میں

○

آتشِ تر

۱۹۴۷ء کے شرمناک فرقہ وارانہ
فسادات کی یادگار

○

وقت نے انگڑائی لی ہے آج کل
چشمِ شاعر میں نمی ہے آج کل

آدمیت بھر رہی ہے سسکیاں
بربریت ہنس رہی ہے آج کل

زیرِ خنجر ہے اخوت کا گلا
مامتا دم توڑتی ہے آج کل

گُدگُداتی تھی دلوں کو جو نظر
تیرو نشتر بن گئی ہے آج کل

آتشِ تر

مانگ سُونی ہے دُلہن کی اِن دِنوں
ماں کی گود اُجڑی ہوئی ہے آج کل

ہو رہی ہیں عصمتیں نذرِ ہوس
رُوحِ مریم رو رہی ہے آج کل

کاش لفظوں میں بھی ہو سکتابیاں
آنکھ جو کچھ دیکھتی ہے آج کل

زندگی کا ذکر کیسا اِس دور میں
موت بھی سہمی ہوئی ہے آج کل

کاش فرزندانِ آدم سُن سکیں
رُوحِ آدم رو رہی ہے آج کل

راہرو بھی راہ پر چلتے نہیں،
راہبر میں بھی کمی ہے آج کل

آتشِ تر

دلِ شکستہ آنکھ پُر نم اے خمارؔ

نام اِس کا زندگی ہے آج کل

○

○

ہم قفس میری اسیری کا سبب کچھ بھی نہیں

بات یہ تھی آشیاں کو آشیاں سمجھا تھا میں

○

آ گیا کافرِ شباب، چھٹ پڑا ظالم حجاب

بس جو اب اُن کا چلے خود سے بھی پَردا کریں

○

آتشِ تر

○

سیلِ حوادث سے نہ گھبرائیے
موجِ رواں بن کے گذر جائیے

زندگی میں ٹھوکریں بھی کھائیے
شرط مگر یہ ہے سنبھل جائیے

دم ہی نہ گھٹ جائے کہیں عشق کا
اتنی تو جبہ بھی نہ فرمائیے

دی جو کبھی ہم نے خوشی کو صدا
ہنس کے کہا غم نے اِدھر آئیے

آتشِ تر

عشق ازل ہی سے ہے خانہ خراب
آپ سے کیا آپ نہ گھبرائیے

آج وہ مائل بہ کرم ہیں خمار
جی میں یہ آتا ہے کہ مَر جائیے

○

○

سلام خُلدِ بریں کو سلام اے واعظ
زمیں پہ رہتے ہیں رِند آسماں سے کیا مطلب

ترے خیال کے پابند ہیں مری سجدے
مری جبیں کو ترے آستاں سے کیا مطلب

آتشِ تر

○

لطفِ دوزخ بھی لطفِ جنّت بھی
ہائے کیا چیز ہے محبّت بھی

عشق سے دور بھاگنے والو!
تھی یہی پہلے اپنی عادت بھی

جینے والا بنا لے جو چاہے
زندگی خواب بھی ہے حقیقت بھی

حالِ دل کہہ کے بھی کہا نہ گیا
آگئی اپنے سر یہ تہمت بھی

آتشِ تر

نازِ اخفائے غم بجا، لیکن
تُو نے دیکھی ہے اپنی صُورت بھی

اُف وہ دورِ نشاطِ عشق خمار
لطف دیتی تھی جب مُصیبت بھی

○

○

تیرے بعد دیکھیں گی کس کو یہ آنکھیں
ارے جانے والے انہیں بھی لیئے جا

ناصح مہرباں نہ چھیڑ، دشمن عاشقاں نہ چھیڑ
عشق سے کیا غرض تجھے رازِ عشق کی داستاں نہ چھیڑ

آتشِ تر

◯

غم نہاں کو بھلایا، مگر بھلا نہ سکے
لبوں کو چھیڑ لیا، دل سے مسکرا نہ سکے

کچھ ایسی نیند ترے غم کی چھاؤں میں آئی
کہ حادثاتِ زمانہ ہمیں جگا نہ سکے

مجھے تو اُن کی عبادت پہ رحم آتا ہے
جبیں کے ساتھ جو سجدے میں دل جھکا نہ سکے

گذر گیا کبھی ایسا بھی وقتِ مجبوری
کہ ہم بھی رو نہ سکے وہ بھی مسکرا نہ سکے

آتشِ تر

ہزار بار ہوئے خوش بُجھا کے ہم اُن کو
مُرا تو یہ ہے کہ اِک بار بھی بُجھا نہ سکے

اگر ہزار نشیمن جلیں تو فِکر نہ کر !
یہ فِکر کر کہ گلستاں پہ آنچ آ نہ سکے

غُبارِ اجل بھی نہ راس آئی اُن غریبوں کو
جو زندگی کو حریفِ اجل بنا نہ سکے

O

آتشِ تر

○

کہیں شعر و نغمہ بن کے کہیں آنسوؤں میں ڈھل کے
وہ مجھے ملے تو لیکن، ملے صورتیں بدل کے

یہ دنیا کی سخت راہیں، یہ تمہارے پائے نازک
نہ لو انتقام مجھ سے مرے ساتھ ساتھ چل کے

وہی آنکھ بے بہا ہے جو غم جہاں میں روئے
وہی جام جامِ جم ہے جو بغیرِ فرق چھلکے

یہ چراغِ انجمن تو ہیں بس ایک شب کے مہماں
تو جلا وہ شمع اے دل جو بجھے کبھی نہ جل کے

آتشِ تر

نہ تو ہوش سے تعارف نہ جنوں سے آشنائی
یہ کہاں پہنچ گئے ہم تری بزم سے نکل کے

کوئی اے خمار اُن کو مرے شعر نذر کر دے
جو مخالفینِ مخلص نہیں معترف غزل کے

○

○

اُس پرستشِ ملال کی اللہ ری وسعتیں!
کل کائنات جیسے مری غمگسار ہے

وہ حُسن خرام ایک گلِ پیرہن کا
صبا چھیڑ کرتی ہو جیسے کلی سے

آتشِ تر

○

دن گئے شباب کے زندگی بدل گئی
شمع ہے وہی مگر روشنی بدل گئی

دل کے تم بچھڑ گئے یہ بھی اتّفاق تھا
یہ بھی اتّفاق ہے زندگی بدل گئی

ضبطِ غم کے مدّعی رو لے اب نہ اشک پی
جس پہ تجھ کو ناز تھا وہ ہنسی بدل گئی

عشق معتبر ہوا، بدگمانیاں بڑھیں
حُسن جلوہ گر ہوا دلکشی بدل گئی

۷۰

آتشِ تر

جستجوئے عیش میں غم کا لطف بھی گیا
صبح کی تلاش میں شام بھی بدل گئی

کہتے کہتے حالِ غم ہنس پڑے خمار ہم
وہ تھے مائلِ کرم بات ہی بدل گئی

○

○

پہلو میں یکا یک دل دھڑکا ہم اُن کے مُنہ کو تکنے لگے
اُن نازک نازک نظروں کا نازک سا نشانہ کیا کیجئے

———

زندگی ساقی بہت محفوظ میخانے میں ہے
کچھ تری آنکھوں میں ہے کچھ میرے پیمانے میں ہے

آتشِ تر

○

دلکشئ چمن فرزوں، جشنِ بہار جاوداں
اُن کی طرف بھی اِک نظر لوٹ گئے جن کے آشیاں

غنچہ و گل اُداس، اُداس صحن و در، دوش دھواں دھواں
جب ہے بہار کا یہ حال ڈھائے گی کیا غضب خزاں

میری طلب ہے دائمی، میرا سفر ہے جاوداں
منزلِ شوق رہ گئی، مجھ کو خبر نہیں کہاں

زانوئے یار تھا نصیب، دوش پہ سر نہ تھا گراں
کل کی حقیقتیں خمار آج بنی ہیں داستاں

آتشِ تر

تازگی و شگفتگی روح میں چاہیئے نہاں
اہلِ جنوں کے واسطے کیسی بہار کیا خزاں

رہتے ہو لتنے بے قرار کس لئے ان دنوں خمار
عشق تو مہرباں نہیں تم پہ نصیبِ دشمناں

○

○

راہِ بقا میں تیز دم آ گئے بڑھائے جا قدم
ہمتِ شوق کر نہ کم ٹھوکریں کھا کے بھول جا

———

مدتے میں اضطراب کے مجھ کو سکون مل گیا
حوصلے سب نکل گئے دیدۂ اشکبار کے

آتشِ تر

○

دل ہے تپاں نہ آنکھ ہی پُر نم ہے ان دنوں
رعنائیِ حیات بہت کم ہے ان دنوں

افسردہ خاطری کا یہ عالم ہے ان دنوں
ہنسنا بھی ایک حادثۂ غم ہے ان دنوں

یادشِ بخیر تھا کبھی ہم دوشِ آفتاب
وہ دل جو ایک قطرۂ شبنم ہے ان دنوں

کچھ ہم بھی کائنات سے برہم ہیں آج کل
کچھ ہم سے کائنات بھی برہم ہے ان دنوں

آتشِ تر

تاروں میں روشنی ہے نہ پھولوں میں رنگ و بُو
ڈوبی ہوئی سی نبضِ دو عالم ہے ان دنوں

وہ کیا بدل گئے کہ زمانہ بدل گیا
یکساں مزاجِ شعلہ و شبنم ہے ان دنوں

راتیں وہی ہیں دن بھی وہی ہیں مگر خمارؔ
دل وہ نہیں تو اور ہی عالم ہے ان دنوں

○

آتشِ تر

◯

جام و سبو لیۓ ہوۓ مینا لیۓ ہوۓ
بیٹھا ہوں اپنے خضر و مسیحا لیۓ ہوۓ

پلکوں پہ ایک اشک کا قطرہ لیۓ ہوۓ
بیٹھا ہوں رازِ غم کا جنازہ لیۓ ہوۓ

تاریک ہوتی جا رہی ہے محفلِ نشاط
یہ کون جا رہا ہے اُجالا لیۓ ہوۓ

دیکھا بصد ملال جو ساقی نے اے خمار
ہم پھٹ پڑے پیالے پہ توبہ لیۓ ہوۓ ◯

آتشِ تر

نقدِ ملال و غم جو عطا کر رہے ہیں آپ
یہ سب خراجِ عشق ادا کر رہے ہیں آپ

ظلم و ستم نہ جور و جفا کر رہے ہیں آپ
بیمارِ بندگی ہوں دوا کر رہے ہیں آپ

چھپتے بھی ہیں چھپائے سے دل کے معاملات
بیگانہ بن کے اور بُرا کر رہے ہیں آپ

مجھ کو ریاضِ خلد میں جانا نہیں قبول
اندیشہ ہے کہ خود سے جُدا کر رہے ہیں آپ

آتشِ تر

یہ رات دن کی آہ و فغاں الاماں خمار
حقِ زندگی کا خوب ادا کر رہے ہیں آپ

○

○

قیامت خیز ہے اُن کی جدائی کا سماں ایک
لگا ہیں ہیں ہری من جملہ آہ و فغاں ایک

بہ ایں تسلّطِ غم ہنس رہا ہوں اِس ڈر سے
زمانہ یہ نہ سمجھ لے ہرا کچھ دا ہی نہیں

○

آتشِ تر

○

جب وہ پشیمان نظر آئے ہیں
موت کے سامان نظر آئے ہیں

ہو نہ ہو اب آگئی منزل قریب
راستے سنسان نظر آئے ہیں

عشق میں سمجھے ہوئے دو آشنا
مدّتوں انجان نظر آئے ہیں

کھا نہ سکے زندگی بھر جو فریب
ایسے بھی نادان نظر آئے ہیں

آتشِ تر

عشق میں کچھ ہم ہی پریشاں نہیں
دہ بھی پریشان نظر آئے ہیں

ہوش جب آیا ترے جانے کے بعد
گھر میں بیاباں نظر آئے ہیں

کی ہے جو فکر اپنے گریبان کی
لاکھ گریبان نظر آئے ہیں

اُٹھے ہیں ساحل سے جو بے اختیار
ایسے بھی طوفان نظر آئے ہیں

عشق ہے فرسودہ حکایت مگر
نِت نئے عنوان نظر آئے ہیں

ہائے رے وہ مدھ بھری آنکھیں خمار
میکدے ویران نظر آئے ہیں

○

آتشِ تر

○

رخصت اے جانِ تمنا آگیا وقتِ فراق
تیرے بدلے ساتھ تیرا غم لیئے جاتا ہوں میں

اک نیا عالم بسانا ہے مجھے تیرے بغیر
تجھ سے مل کر اک نیا عالم لیئے جاتا ہوں میں

زندگی کی راہ کو ہموار کرنے کے لیئے
گیسوؤں کا تیرے پیچ و خم لیئے جاتا ہوں میں

تیرے غم سے پا کے نسبت قدر و قیمت بڑھ گئی
دل کبھی تھا اب تو جامِ جم لیئے جاتا ہوں میں

آتشِ تر

ڈگمگاتا، لڑکھڑاتا، ٹھوکریں کھاتا ہوا
ساتھ اپنے لغزشِ پیہم لیئے جاتا ہوں میں

زندگی اب نام کی ہے، دل کہیں نظریں کہیں
ہائے کیا شیرازۀ برہم لیئے جاتا ہوں میں

ماورائے وصل و ہجراں ہے جو اے جانِ خمار
ایک ایسا رشتۀ محکم لیئے جاتا ہوں میں

O

آتشِ تر

غم دنیا بہت ایذا رساں ہے
کہاں ہے اے غمِ جاناں کہاں ہے

اک آنسو کہہ گیا سب حال دل کا
میں سمجھا تھا یہ ظالم بدگماں ہے

یہ مانا زندگی فانی ہے لیکن
اگر آ جائے جینا جاوداں ہے

وہ کانٹا ہے جو چبھ کر ٹوٹ جائے
محبت کی بس اتنی داستاں ہے

آتش تر

اسے کچھ اہلِ دل ہی جانتے ہیں
ہنسی ہے میرے لب پر یا فغاں ہے

خدا محفوظ رکھے ہر بلا سے!
کئی دن سے طبیعت شاداماں ہے

مبارک ہو خمار اُن سے بچھڑنا
خدا رکھے محبت اب جواں ہے

O

آتشِ تر

◯

وہ بدنصیب ہیں جنہیں غم ناگوار ہے
غم تو دلیلِ رحمتِ پروردگار ہے

غنچے ہیں، گل ہیں، سبزہ ہے، ابرِ بہار ہے
سب جمع ہو چکے ہیں ترا انتظار ہے

اے گے جبینِ شوق تجھے اختیار ہے
یہ دیر ہے، یہ کعبہ ہے، یہ کوئے یار ہے

الفاظ میں نہ ڈھونڈھ مری بے قراریاں
اسے بے خبر زباں نہیں دل بیقرار ہے

آتشِ تر

تازہ ہیں جن کے دِل وہ مُطیعِ خزاں نہیں
ہم جس طرف نگاہ اُٹھا دیں بہار ہے

اسے دوست آ بھی جا کہ میں تصدیق کر سکوں
سب کہہ رہے ہیں آج فضا خوشگوار ہے

یہ بھی بجا کہ دِل کو ہے مایوسی تمام
یہ بھی غلط نہیں کہ ترا انتظار ہے

تنگِ چمن تھا میرا نشیمن سو مٹ گیا
اب واقعی بہار مکمل بہار ہے

اے مُحتسب عذابِ جہنم بجا مگر
اِک چیز اور رحمتِ پروردگار ہے

صبر و شکیبِ عشق کی اب خیر ہو خمار
اب وہ بھی ساتھ ساتھ مرے بے قرار ہے

○

آتشِ تر

○

وہ ہیں جس قدر آزماتے رہے
اپنی ہی مشکلوں کو بڑھاتے رہے

ہو گئیں خشک آنکھیں تری یاد میں
اور طوفاں بدستور آتے رہے

جب گلِ تازہ کوئی چمن میں کھلا
دیر تک وہ مجھے یاد آتے رہے

جانبِ دل نہ ہم نے کبھی کی نظر
کعبہ و دیر میں خاک اڑاتے رہے

آتشِ تر

ہائے رے لغزشِ یک تبسّم خمار
زندگی بھر ہم آنسو بہاتے رہے

○

○

ملے ہیں احتیاطاً اُن سے ہم بیگانہ وار اکثر
ادا کرنا پڑا ہے یہ بھی فرضِ ناگوار اکثر

زمانہ ہو گیا ترکِ محبّت کو مگر اب تک
محبّت کام اپنا کر ہی جاتی ہے خمار اکثر

○

آتشِ تر

دل ہے برائے نام اب دل میں شگفتگی نہیں
گل ہے مگر مہک نہیں شمع ہے روشنی نہیں

عاشقی اور بقیدِ شوق کفر ہے عاشقی نہیں
اُس کی خوشی پہ جان دے تیری خوشی خوشی نہیں

موسمِ رنگ و کیف کی اب وہ ہما ہمی نہیں
سبزہ و ابر ہیں سبھی ایک فقط وہی نہیں

سرور ہے اختیار میں سجدہ وہ سجدہ ہی نہیں
بندگی اور بقیدِ ہوش کھیل ہے بندگی نہیں

آتشِ تر

جس میں برائے کیفیّت رنج کی چاشنی نہیں
ایسی خوشی کا ذکر کیا ایسی خوشی خوشی نہیں

حُسن کا دیکھ دل نہ توڑ ضبط کو ضبط کر کے چھوڑ
زہر بھی پیے تو مُنہ نہ موڑ عشق ہے یہ ہنسی نہیں

واعظِ سادہ لوح کی ہائے رے چیرہ دستیاں
مَے کو بتا رہا ہے تلخ ظلم یہ ہے کہ پی نہیں

جینے کو جی رہا ہوں میں تیرے بغیر بھی مگر
زندگی کہہ سکوں جسے ایسی تو زندگی نہیں

کر گئی چشمِ مست مست کام ہو گیا نشّہ تمام
مَے کش اب مِرا سلام فرصتِ مے کشی نہیں

بڑھ کے جہادِ عشق میں جان گنوا دے اے خمار
موت کو زندگی بنا زندگی زندگی نہیں

آتشِ تر

○

ضبط کو نذرِ آہ کر ڈالا
بے بسی میں گناہ کر ڈالا

میں تو اُس کا ہی تھا مٹا کے مجھے
اُس نے خود کو تباہ کر ڈالا

اے خوشا شوخیاں تصوّر کی
اُن کو جُزوِ نِگاہ کر ڈالا

حرصِ بخششِ نے تیری اے زاہد
بندگی کو گناہ کر ڈالا

آتشِ تر

شانِ رحمت بھی لوٹ لوٹ گئی
جب سَنبھل کر گُناہ کر ڈالا

حُسن کو عشق کی نظر نے خمؔار
اور بھی بے پناہ کر ڈالا

○

○

رُوداد محبّت کی سُنائی نہیں جاتی
گِر پڑتی ہے خود برق گِرائی نہیں جاتی

آتشِ تر

○

تیرے غم نے جو دل پہ مارے ہیں
زندگی کے بڑے سہارے ہیں

ہم نے لُوٹے ہیں زندگی کے مزے
یعنی رو رو کے دن گذارے ہیں

جام و ساغر کہاں وہ آنکھ کہاں
چند یُوں ہی اِسے اِستعارے ہیں

دوست ہوتے جو وہ تو کیا ہوتا
دشمنی پر جبھی اِتنے پیارے ہیں

آتشِ تر

اُن کی جانب بھی اِک نظرِ نایِح
جو ترے مشوروں کے مارے ہیں

اے غمِ دوست تیری عمر دراز
ہم نے جنّت میں دِن گذارے ہیں

خیر سے ہم تو ڈُوبتے ہیں خمار
ہائے وہ جو ابھی کنارے ہیں

O

آتشِ تر

○

ہزار رنج سہے آنکھوں پہ بات ہی کیا ہے
تری خوشی کے تصدّق مری خوشی کیا ہے

خدا بچائے تری مست مست آنکھوں سے
فرشتہ ہو تو بہک جائے آدمی کیا ہے

گذار دُوں ترے غم میں جو عُمرِ خضر ملے
ترے نثار یہ دو دِن کی زندگی کیا ہے

بھری بہار کہاں اور قفس کہاں صیّاد
سمجھ میں آج یہ آیا کہ بے بسی کیا ہے

آتشِ تر

وہ اور ہیں جو طلبگارِ خلد ہیں واعظ!
نگاہِ یار سلامت مجھے کمی کیا ہے

کھڑے ہوئے ہیں وہ کب سے نظر جھکائے ہوئے
خمارِ ہوش میں آؤ یہ بے خودی کیا ہے

○

○

لب نہ ہلے اشک مگر بہہ گئے
جو ہمیں کہنا تھا سو ہم کہہ گئے

آتشِ تر

○

ضبط کی آب و تاب سے عشق کو جگمگائے جا
ہاں یُوں ہی جُھوم جُھوم کے چوٹ پہ چوٹ کھائے جا

راہِ وفا سے مُنہ نہ موڑ اس نہ توڑ، جی نہ چھوڑ
وہ یُوں ہی ظُلم ڈھائے جائے تو یُونہی مُسکرائے جا

بادہ آتشیں نہ چھوڑ، خندۂ دِلنشیں نہ چھوڑ
غم کدۂ حیات میں غم کی ہنسی اُڑائے جا

دردِ اُٹھے تو مُسکرا، چوٹ لگے تو دے دُعا
ہاں اسی آن بان سے اُس کی جفا پہ چھائے جا

آتشِ تر

دیکھ ٹھہر نہ اے خمار منزلِ دوست دور ہے
خود کو بھی پیچھے چھوڑتا آگے قدم بڑھائے جا

○

○

بل گئی داد غمِ زیست کی دیوانے کو
گود میں شمع کی موت آئی ہے پروانے کو

○

کچھ اس ادا سے لگی آگ آشیانے کو
کہ جی میں آیا جلا دوں میں کُل زمانے کو

تغیّرات کی افسردگی مٹانے کو
بھلا رہا ہوں میں گذرے ہوئے زمانے کو

آتشِ تر

⭕

مٹا جاتا ہوں میں دُنیا کو عبرت ہوتی جاتی ہے
بحمدُ اللہ تبلیغِ محبت ہوتی جاتی ہے

مسرت ہو کہ غم اُن کی ضرورت ہوتی جاتی ہے
الٰہی کیا مجھے اُن سے محبت ہوتی جاتی ہے

اُدھر وہ پوچھتے جاتے ہیں ہنس ہنس کے مزاجِ دل
اِدھر جادو بیانی نذرِ لکنت ہوتی جاتی ہے

مری خلوت میں ہنگامے سے برپا ہوتے جاتے ہیں
بھری محفل مرے نزدیک خلوت ہوتی جاتی ہے

آتشِ تر

کیے جاتے ہیں سجدے نفعِ جنّت کے لیے توبہ
عبادت بھی معاذ اللہ تجارت ہوتی جاتی ہے

خمار اُن کو بھلاتا ہوں میں وہ یاد آتے جاتے ہیں
محبّت ترک کرتا ہوں محبّت ہوتی جاتی ہے

○

○

بزم اُٹھی ختم ہوا دورِ جام
ہاتھ بڑھائے ہوئے ہم رہ گئے

آتشِ تر

○

مجھ کو ہونا تھا پریشاں میں پریشاں ہوگیا
اس میں تیری کیا خطا تُو کیوں پشیماں ہوگیا

توڑ دیتے ہم تو گھبرا کر ربابِ زندگی
وہ تو یہ کہیے کہ تیرا غم غزل خواں ہوگیا

کھو گیا تھا میں لطافت میں شبِ مہتاب کی
دیکھ کر ویرانیِ پہلو پشیماں ہوگیا

اُس سفینے کی تباہی پہ مجھے آتا ہے رشک
جو کنارے کو نہ پہنچا غرقِ طوفاں ہوگیا

آتشِ تر

سیکڑوں اشک اُس کے افسردہ تبسم پر نثار
جو بظاہر مُسکرا کر دل میں گریاں ہو گیا

آج تو زاہد نے بھی نامِ خدا پی لی خمار
میکدہ آباد اِک کافر مسلماں ہو گیا

○

○

اب اِن حُدود میں لایا ہے انتظار مجھے
وہ آ بھی جائیں تو آئے نہ اعتبار مجھے

اللہ رے تصور کی ستائی ہوئی آنکھیں
وہ سامنے ہیں اور یقیں مجھ کو نہیں ہے

آتشِ تر

◯

کیا اُڑتی ہیں ہم بادہ پرستوں سے گھٹائیں
انگڑائی جو لیں کوثر و تسنیم کھنچ آئیں

جاتی ہیں فلک تک تو شبِ ہجر دُعائیں
آگے مری تقدیر وہ آئیں کہ نہ آئیں

اللہ رے اِن عشق کے ماروں کی اَدائیں
کانٹوں سے اُلجھتے رہیں دامن کو بچائیں

کچھ اور سنور جائیں تری شوخ اَدائیں
ہو جائیں جو شامل مری نظروں کی خطائیں

آتشِ تر

صدقتے ترے اے آئی ہوئی موت پلٹ جا
ہو جائیں گی غارت مرے بعد اُن کی جفائیں

رحمت نے بصدِ شوقِ گل و لالہ سمجھ کر
دامن میں چھپا لیں مری رنگین خطائیں

○

○

ہو گئیں سہل مشکلیں اُن سے نگاہ بل گئی
اے غمِ زندگی سلام مجھ کو پناہ بل گئی

اف رے جہنم حیات، ملتی نہ جیتے جی نجات
میکدے پر ہوں رحمتیں خلد کی راہ بل گئی

آتشِ تر

○

علم و فن کے دیوانے نے عاشقی سے ڈرتے ہیں
زندگی کے خواہاں ہیں زندگی سے ڈرتے ہیں

یوں تو ہم زمانے میں کب کسی سے ڈرتے ہیں
آدمی کے مارے ہیں آدمی سے ڈرتے ہیں

جل کے آشیاں اپنا خاک ہو چکا کب کا
آج تک یہ عالم ہے روشنی سے ڈرتے ہیں

لے لے زندگی یا رب اور کچھ سزا دیدے
جی لیئے بہت اب ہم زندگی سے ڈرتے ہیں

آتشِ تر

جب نہ ہوش تھا ہم کو دُشمنی سے ڈرتے تھے
اب جو ہوش آیا ہے دوستی سے ڈرتے ہیں

رہنے دے اِنہیں نا صبح تو یوں ہی اندھیرے میں
کچھ تو ہے جو دیوانے اُنہی سے ڈرتے ہیں

پھُول بھی جو ہنستے ہیں دِل دَھڑکنے لگتا ہے
کھلے ہیں فریب اِتنے اب ہنسی سے ڈرتے ہیں

جو ملے زمانے کو رنج وہ سہہ سرآنکھوں پر
جو ملے ہیں تنہا اُس خوشی سے ڈرتے ہیں

توبہ اور جوانی ہیں اے خمار کیا کہنا
لوگ آپ جیسے ہی مُتّقی سے ڈرتے ہیں

○

آتشِ تر

خمارِ حسنِ حزیں مُسکراتا چلا جا
مصائب کو نیچا دکھاتا چلا جا

یونہی زخم پر زخم کھاتا چلا جا
محبت کی سُلج رنج بڑھاتا چلا جا

قدم فاتحانہ بڑھاتا چلا جا
حوادِث کو پیچھے ہٹاتا چلا جا

تمنائیں کانٹے ہیں راہِ وفا میں
یہ کانٹے کنارے ہٹاتا چلا جا

آتشِ تر

بلا سے اگر عمر کانٹوں میں گذرے
گلی کی طرح مسکراتا چلا جا

جہاںِ محبت میں چوٹوں پہ چوٹیں
خمار اور تن تن کے کھاتا چلا جا

○

○

کبھی جو ہم نے مسرّت کا اہتمام کیا
بڑے تپاک سے غم نے ہمیں سلام کیا

———

چمن سامنے ہے شکستہ ہیں بازو
بخل ہو رہے ہیں ہم آزاد ہو کر

آتشِ تر

جو نظر باعثِ تسکینِ جہاں ہوتی ہے
عشق کے حق میں وہی آفتِ جاں ہوتی ہے

نہ توجّہ نہ تغافل ہے علاجِ غمِ دل
منزلِ عشق خدا جانے کہاں ہوتی ہے

عیش و عشرت کے اندھیروں میں بھٹکنے والو
زندگی غم کے حجابوں میں نہاں ہوتی ہے

اپنے دل سے بھی خبردار نگہباں رہنا
دل کی افسردگی ہی بڑھ کے خزاں ہوتی ہے

آتشِ تر

زندگی یوں تو بڑی شوخ حقیقت ہے خمار
دل جو بیدار نہ ہو خواب گراں ہوتی ہے

○

○

انگڑائیاں نہ لے یوں او سو کے اٹھنے والے
اِن مست انکھڑیوں کے ساغر چھلک نہ جائیں

——

خونِ رحمت نہ ہو سکا ہم سے
یعنی ترکِ گناہ کر نہ سکے

آتشِ تر

○

کیا جانے کون منزلِ راحت نظر میں ہے
غربت میں ہے سکون نہ آرام گھر میں ہے

تم جگمگا کے جس کی شبوں کو چلے گئے
مدت سے وہ غریب تلاشِ سحر میں ہے

اے شیخ تو نے کی ہی نہیں سیرِ میکدہ
جنت ترے خیال میں، میری نظر میں ہے

دوزخ کو جو ڈبو دے گناہوں کے ساتھ تھا
ایسی بھی ایک موج مری چشمِ تر میں ہے

آتشِ تر

ترکِ تعلقات کو مدت ہوئی مگر
دل آج تک خمارِ اُسی رہ گذر میں ہے

○

○

بتانا ذرا راستہ میکدے کا
میں گذری ہوئی زندگی ڈھونڈتا ہوں

کچھ اِنکار کا خوف کچھ پاسِ غیرت
سہارا لگائے ہوئے چپ کھڑا ہوں

آتشِ تر

روح تھی مسرور دل تھا شاداماں کل رات کو
مجھ سے ملنے آئی تھی عمرِ رواں کل رات کو

بج رہا تھا میٹھی میٹھی لے میں سازِ زندگی
حسنِ طرزِ عشق میں تھا نغمہ خواں کل رات کو

وہ مرے پہلو میں بیٹھے تھے نقاب اُلٹے ہوئے
اُگ رہا تھا چاند کے منہ پر دھواں کل رات کو

وہ بھی چپ تھے میں بھی چپ تھا چپ تھی ساری کائنات
ہو رہا تھا جذبِ دل کا امتحاں کل رات کو

آتشِ تر

تھارے آغوش میں وہ پیکرِ حسن و شباب
یا زمیں کی گود میں تھا آسماں کل رات کو

میری نظریں اُن کا چہرہ اُن کی نظریں میرا دل
مل گئے تھے رازدار و رازداں کل رات کو

ہو کے سرشارِ محبت کھیلتی تھیں دَم بَہ دَم
میرے بالوں سے وہ رنگیں اُنگلیاں کل رات کو

جا چکے تھے رُوٹھ کر مجھ سے وہ لیکن اے خمار
آ رہی تھیں کس نفَس کی ہچکیاں کل رات کو

آتشِ تر

○

ہجر کی رُت غمگین فضائیں، اُف ری محبت ہائے جوانی
جینے کے دن مرنے کی دُعائیں، اُف ری محبت ہائے جوانی

وعدے کی شب خاموش فضائیں، دل میں خلش وہ آئیں نہ آئیں
در پہ لگائیں اب ہم دُعائیں، اُف ری محبت ہائے جوانی

نُور میں ڈوبی چاندنی راتیں، چاہ کے قصّے پیار کی باتیں
گرم نفس سرد ہوائیں، اُف ری محبت ہائے جوانی

مہکی ہوئی گلشن کی فضائیں، بہکی ہوئی ساون کی ہوائیں
ہاتھ میں ساغر سر پہ گھٹائیں، اُف ری محبت ہائے جوانی

آتش تر

گو چھپے ہے ان کے روٹھے کے آنا، آتے ہی لیکن پھر وہیں جانا
روز معافی روز خطائیں، اُف ری محبت ہائے جوانی

رخصتِ جاناں ایک قیامت، اس پہ قیامت مجھ سے اجازت
آنکھ میں آنسو لب پہ دعائیں، اُف ری محبت ہائے جوانی

بھیگی ہوئی تنہائی کی راتیں، چاہ کے قصے پیار کی باتیں
جاگے ہوئے ہم سوئی فضائیں، اُف ری محبت ہائے جوانی

ہم تھے خمار اور پہلوئے جاناں، بس میں نہ تھی جیسے گردشِ دوراں
کاش وہ دلِ اب یاد نہ آئیں، اُن کی محبت ہائے جوانی

○

آتشِ تر

○

اُن کی تسلّیوں کا بھی دل پہ کوئی اثر نہیں
عشق وہاں ہے اب جہاں حُسن کا بھی گذر نہیں

درخورِ التفات نہیں دونوں جہاں کی نعمتیں
ہائے وہ بے نیاز دل جس پہ تری نظر نہیں

ہجر ہے کیا وصال کیا عیش ہے کیا ملال کیا
غیر کو ہو خبر تو ہو مجھ کو تو کچھ خبر نہیں

رند بُرے سہی مگر ہائے رے شیخِ بے خبر
تیری نظر زباں پہ ہے دل پہ تری نظر نہیں

آتشِ تر

ہم بھی کبھی تھے ہوشیار اب تو یہ حال ہے خمار
اُن کی خبر تو در کنار، اپنی بھی کچھ خبر نہیں

○

زندگی بھر میں قفس ہی میں رہوں گا لیکن
ایک بار اور دکھا لائے گلستاں کو ئی

کر کے رخصت اُنہیں یوں ساتھ چلا ہوں خود بھی
جیسے کھینچنے لیئے جاتا ہے گریباں کو ئی

آتشِ تر

○

راز سب اپنے عشق کے بزم پہ چھا کے رہ گئے
کچھ میں جھجک کے رہ گیا کچھ وہ لجا کے رہ گئے

وقتِ وداع یار ہم اور تو کچھ نہ کر سکے
آنکھوں میں آنکھیں ڈال دیں اشک بہا کے رہ گئے

عشق ہے اُس طلب کا نام جو نہ ہو عمر بھر تمام
وہ بھی تھے کتنے بدنصیب جو تجھے پا کے رہ گئے

ایک وہ دورِ عشق بھی نام خدا گذر گیا
کوئی جو مسکرا دیا چوٹ سی کھا کے رہ گئے

آتشِ تر

جن کو بہت غرُور تھا، تیز رَوی پہ اسے خمار
راہِ وفا میں ہم سے مشتر ٹھوکریں کھا کے رہ گئے

○

○

ذرّہ ذرّہ پر گر سے پڑتے ہیں بیتابانہ ہم
آگئے شاید بحلّدِ کوچہِ جانا نہ ہم

—

کسی سے عرضِ حال کے لیے وہ میری بے بسی
بہت جو سہی کبھی تو یہ کہ مُسکرا دیا

آتشِ تر

○

جو مُنکرینِ عشق بہت شاداں رہے
اکثر اُنہیں کی آنکھ سے دریا رواں رہے

دشمن رہے زمین عدُو و آسماں رہے
مجھ کو یہ سب قبول جو تُو مہرباں رہے

ایسا بھی ایک دورِ مسرّت گذر گیا
ہنسنے کی آرزو تھی اور آنسو رواں رہے

دل مُبتلائے غم ہے مگر اِس کا کیا علاج
جب تک وہ سامنے رہے ہم شاداں رہے

آتشِ تر

اللہ رے اقتدارِ جبینِ نیاز کا
دیر و حرم بھی ساتھ رہے ہم جہاں رہے

○

○

ترے نثار اسے بھی مٹا دے اے صیاد
یہ ایک یاد جو باقی ہے آشیانے کی

—

کیف و مستی عیش و عشرت بے وفا سب ہیں مگر
آدمی جیسا تو کوئی بے وفا ہوتا نہیں

آتشِ تر

○

اب اتنی زہ و رسم ہے زندگی سے
کہ جیسے ملے اجنبی اب اجنبی سے

مُنہ اک اک کہا کہتا ہوں میں بے کسی سے
سہارا نہ ٹوٹے کسی کا کسی سے

جُدا ہو کے مجھ سے کوئی جا رہا ہے
گلے مل رہی ہے اجل زندگی سے

سکوں تیرے قدموں سے لپٹا رہے گا
گذر جا مقاماتِ رنج و خوشی سے

آتشِ تر

وہ رنگیں دہن، وہ ترا وشِ سخن کی
مہک سے نکلے گویا شگفتہ کلی سے

وہ تیری جُدائی کے دن توبہ توبہ
کہ راتیں بھی شرمائیں تیری گی سے

وہ طرزِ خرام ایک گل پیرہن کا
صبا چھیڑ مٹکی کرتی ہو جیسے کلی سے

خمار اب بھی جینے کو میں جی رہا ہوں
مگر کچھ تعلق نہیں زندگی سے

○

آتشِ تر

○

ایک شعلہ سا گرا ہے شیشے سے پیمانے میں
تو گرن پھوٹی سویرا ہوا میخانے میں

کفر و اسلام نیم آغوش ہیں میخانے میں
کعبہ شیشے میں ہے بتخانہ ہے پیمانے میں

کیسے مبہوت سے بیٹھے ہیں جنابِ شیخ زاہد
جیسے پہلے ہی پہل آئے ہیں میخانے میں

مدھ بھری آنکھیں یہ ساقی کی الٰہی توبہ!
اور میخانے بھی آباد ہیں میخانے میں

آتشِ تر

سوئے کعبہ کبھی جا نکلے، کبھی جانبِ دیر
آج پہونچے ہیں بھٹکتے ہوئے مَیخانے میں

پارسائی میں جو مشہورِ زمانہ ہیں خمار
بار ہا مجھ کو نظر آئے ہیں مَیخانے میں

○

○

دُنیائے محبّت کو اُجاڑا ہے تو ظالم
دُنیائے تصوّر کو بھی ویرانہ بنا دے

آتشِ تر

○

واقف نہیں تم اپنی نگاہوں کے اثر سے
اس راز کو پوچھو کسی برباد نظر سے

اک اشک نکل آیا ہے یوں دیدۂ تر سے
جس طرح جنازہ کوئی نکلے بھرے گھر سے

رگ رگ میں عوض خون کے نئے دوڑ رہی ہے
وہ دیکھ رہے ہیں مجھے مخمور نظر سے

اس طرح بسر ہوتے ہیں دن رات ہمارے
اک تازہ بلا آئی جو اک ٹل گئی سر سے

آتشِ تر

صحرا کو بہت ناز ہے ویرانی پہ اپنی
واقف نہیں شاید مرے اُبڑے ہوئے گھر ت

دل بہلائیں ابد سے مرے اللہ یہ لمحے
وہ دیکھ رہے ہیں مجھے مانوس نظر سے

جائیں تو کہاں جائیں کھڑے سوچ رہے ہیں
اُٹھنے کو خمار اُٹھ تو گئے ہم کسی ڈر سے

○

آتشِ تر

○

جور و جفائے حُسن بھی عشق کے حق میں کم نہیں
دوست کے دستِ ناز سے غم بھی ملے تو غم نہیں

آفتِ جاں ہے دردِ دل آنکھ ذرا بھی نم نہیں
بات یہ ہے کہ عشق کو فرصتِ رنج و غم نہیں

ناصح ناشناسِ غم ہو چکے اب بہت کرم
عشق عذابِ جاں سہی آپ بھی کوئی کم نہیں

روئے خدا کرے وہ خود جس نے تمہیں رُلا دیا
روتے ہو کیوں مرے لیے مجھ کو تو کوئی غم نہیں

آتشِ تر

گردشِ دوراں سے خمار ہو نہ ملول زینہار
دشمنِ جاں بہت سہی دوست بھی تیرے کم نہیں

○

جہاں تک بھی رسا تخیلِ انساں ہوتی جاتی ہے
حقیقت اور پنہاں اور پنہاں ہوتی جاتی ہے

اس دورِ ترقی میں سبھی کچھ ہے میسر
اک چیز محبت ہے کہ پائی نہیں جاتی

آتشِ تر

محبت بھی کیا شئے ہے اللہ جانے
ہیں جتنی زبانیں، ہیں اُتنے فسانے

پلا دی یہ ساقی نے کیا شئے نہ جانے
پلٹ آئے ہیں میرے گذرے زمانے

ہمارے زمانے، تمہارے زمانے
جو بل جائیں دونوں تو کیا ہو نہ جانے

شُروعِ محبت اَرے توبہ توبہ
قیامت گذر جائے کوئی نہ جانے

آتشِ تر

وہ اشکوں کی یورش، وہ آہوں کی شورش
وہ ضبطِ محبت کے نازک زمانے

محبت کی ویرانیوں میں نہاں ہیں
محبت کی آبادیوں کے خزانے

محبت ہے کیا چیز مجھ سے نہ پوچھو
میں پوچھوں گا تم سے جو چاہا خدا نے

وہی ہے خمارِ جنونی وہی ہے!
جو اپنی کرے اور کسی کی نہ مانے

O

آتشِ تر

○

بہاریں یوں سمٹ آئی ہیں کل زمانے کی
کہ بُرق آئی زیارت کو آشیانے کی

بھٹکتی پھر رہی ہیں آندھیاں زمانے کی
بتا دے راہ کوئی میرے آشیانے کی

بچے کھچے ہوئے تنکے بھی چھو نکدے ضیاد
ہنسی اُڑاتے ہیں سب میرے آشیانے کی

شروعِ دورِ اسیری ارے مَعا ذاللہ
بنی ہوئی تھی وہ اِن شاخ آشیانے کی

آتشِ تر

کہاں ہے بُرق مرے گلشنِ تصوّر میں
بعینہ وہی سَج دھج ہے آشیانے کی

خمار میری ضرورت سہی زمانے کو
مجھے تو کوئی ضرورت نہیں زمانے کی

○

○

وہ آئے ہیں موقع ہے اظہارِ غم کا
کہاں مر گیا اضطرابِ محبت

آتشِ تر

◯

رہا خوفِ غم، غم اُٹھانے سے پہلے
ہوئے غرق طوفان آنے سے پہلے

ہوئے ہوش گم تیرے آنے سے پہلے
ہیں کھو گئے تجھ کو پانے سے پہلے

اجازت ہو تو ایک بار اور ناصح
اُنہیں یاد کر لوں بھلانے سے پہلے

ہوئی کیسے تجھ بن بسر کیا بتاؤں
کسے ہوش تھا تیرے آنے سے پہلے

آتش تر

گذرتے تھے روتے ہی دن اپنے لیکن
یہ عالم نہ تھا مسکرانے سے پہلے

گذارش ہے اتنی ہی اے برق تجھ سے
مجھے پھونک دے آشیانے سے پہلے

قیامت سے تھا نامہ بر کا تعارف
کسی کی جوانی کے آنے سے پہلے

خمار ان کو اپنا بنانا مبارک
مگر پوچھ لیجے زمانے سے پہلے

○

آتش تر

۱

○

اے ہنسنے والو تم سے مرا اک سوال ہے
دیکھا ہے اُن کو بھی جنہیں ہنسنا محال ہے

غم اور زندگی سے جدا ہو محال ہے
جس کو نہیں ملال اُسے بھی ملال ہے

شکوہ کریں کہ شکر عجب اپنا حال ہے
وہ زندگی ملی ہے کہ جینا محال ہے

دامن جھٹک کے تم تو الگ ہو گئے مگر
مجھ کو تمام عمر سنبھلنا محال ہے

آتشِ تر

یا مدتوں سے ترکیبِ تعلق پہ ناز تھا
یا مل گئے ہیں وہ تو وہی دل کا حال ہے

یہ ہے بہار تو بہ شِکن، وہ ہے میکدہ
اے محتسب چلا ہیں تراکیبِ خیال ہے

اُن کے کرم سے بھی نہ کوئی بات بن سکی
پہلے بھی جی بد حال تھا اب بھی بد حال ہے

ہم نے اُنہیں قریب سے دیکھا ہے بار ہا
اپنا جو حال ہے وہی اُن کا بھی حال ہے

کہہ دے یہ طالبانِ خوشی سے کوئی خمار
دل مطمئن نہ ہو تو خوشی بھی ملال ہے

○

آتشِ تر

نگاہِ ناز بھی دل پر گراں معلُوم ہوتی ہے
محبّت چشمِ بد دُور اب جواں معلُوم ہوتی ہے

کہانی میرے ہی گذرے ہوئے لمحاتِ رنگیں کی
مجھی کو اب حدیثِ دیگراں معلُوم ہوتی ہے

جھلکتا تو ہے میرے آنسوؤں میں دُکھ مرا لیکن
جو نیچ پیچ بیتتی ہے وہ کہاں معلُوم ہوتی ہے

ازل سے کہہ رہے ہیں عشق کی رُوداد سب لیکن
ابھی تک ابتدائے داستاں معلُوم ہوتی ہے

آتشِ تر

نظر یوؤں تو نظر کے ماسوا کچھ بھی نہیں لیکن
اُتر جاتی ہے جب دل میں سناں معلوم ہوتی ہے

بلا کچھ سوچے سمجھے ایک ہو جاتی ہیں دو رُوحیں
محبت اتحادِ ناگہاں معلوم ہوتی ہے

نگاہیں پھر چُکیں اُن کی وفائیں ہو چُکیں رُسوا
خمار اب زندگی بارِ گراں معلوم ہوتی ہے

O

آتشِ تر

○

ہر چوٹ اُبھر سی جاتی ہے ہر زخم ہرا ہو جاتا ہے
مُدّت میں کوئی جب ہلتا ہے غم اور سوا ہو جاتا ہے

جب گرمِ جہاں میں معرکۂ تسلیم و رضا ہو جاتا ہے
مُنہ دیکھتی رہ جاتی ہے خرد دل بڑھکے خدا ہو جاتا ہے

جب حُسنِ پشیماں گھبرا کے مائل بہ وفا ہو جاتا ہے
اس عشق نوازِش دُشمن کا حال اور بُرا ہو جاتا ہے

میں عشق سے توبہ کر لوں مگر یہ بجلی یہ گِری گی اوروں پر
اک میری تباہی سے نا صبح کتنوں کا بھلا ہو جاتا ہے

آتشِ تر

ہر چند محبت راز ہے اک نغمۂ بے آواز ہے
دنیا کو خبر ہو جاتی ہے ہنگامہ بپا ہو جاتا ہے

اللہ کے بندے ہیں وہ بھی ہوتی ہے ودیعت جن کو خوشی
وہ چشم و چراغِ رحمت ہیں غم جن کو عطا ہو جاتا ہے

تسلیم کہ ساغر ہاتھ میں ہے اور لب بھی نہیں ہیں دور مگر
پیمانے کا ہونٹوں تک آنا نادان بلا ہو جاتا ہے

افسانے محبت کے سُن کر سرد دھڑکتے ہیں دنیا والے مگر
جب کوئی محبت کرتا ہے ہر شخص خفا ہو جاتا ہے

بہلنے کو خمار اس دنیا میں ملتے ہیں ہزاروں دوست مگر
اک مخلص تنہا غم کے سوا ہر دوست جدا ہو جاتا ہے

○

آتشِ تر

آج ہم ناگہاں کسی سے ملے
مدّتوں بعد زندگی سے ملے

شمع کیا چاند کیا ستارے کیا
سلسلے سب کے تیرگی سے ملے

پھول کر لیں نہ شاہ کانٹوں سے
آدمی ہی نہ آدمی سے ملے

اُن اندھیروں سے کوئی کیسے بچے
وہ اندھیرے جو روشنی سے ملے

آتشِ تر

خود سے ملنے کو عمر بھر ترسے
یوں تو ملنے کو ہم سبھی سے ملے

غم بھی ہم سے بڑی خوشی سے ملا
ہم بھی غم سے بڑی خوشی سے ملے

زندگی کے سلوک سے کیا کہئے
جس کو مرنا ہو زندگی سے ملے

ہم پہ گذرا ہے وہ بھی وقت خمارؔ
جب شناسا بھی اجنبی سے ملے

○

آتشِ تر

○

جب سے اُس بے وفا سے اَن بَن ہے
زندگی زندگی کی دُشمن ہے

اُن سے کچھ کہنے ہی نہیں دیتی
یہ جو اِک چیزِ دل کی دَھڑکن ہے

ضبطِ گریہ ارے مَعاذ اللہ
جیسے رَگ رَگ میں آگ روشن ہے

کس کے جلنے کا تُو نے ذکر کیا
وہ تو ہمدم مِرا نشیمن ہے

آتشِ تر

کس سے تُو شکوے کر رہا ہے خمارؔ
یہ تو نادان ترا ہی دامن ہے

○

○

برسنے کو برسیں گھٹائیں مگر کب
کہ جب جل چکا تھا مرا آشیانہ

یہی تپتی ہوئی راتیں جو اب کاٹے نہیں کٹتیں
یہی اکثر کٹی ہیں چھاؤں میں زُلفِ پریشاں کی

آتشِ تر

○

دردِ دل میں کمی نہ ہو جائے
زندگی موت سی نہ ہو جائے

اُن سے کرتا تو ہوں گلہ لیکن
لب تک آ کر ہنسی نہ ہو جائے

ذکر اُن کا نہ چھیڑ اے ناصح
دوستی دشمنی نہ ہو جائے

حشر کی دھمکیاں نہ دے واعظ
حشر برپا ابھی نہ ہو جائے

آتشِ تر

درد بڑھتا ہی جا رہا ہے خمارؔ
ضبط اب خودکشی نہ ہو جائے

○

○

سنگ و آہن سے گرانی میں بوا ہوتا ہے
ہائے جب سرِ ترے زانو سے جدا ہوتا ہے

لاکھ ارادہ ہو اٹل عشق میں کہیّا ہوتا ہے
شکوہ کرتا ہوں مگر شکر ادا ہوتا ہے

بندگی نام ہے احساسِ عبودیّت کا
سر جھکے یا نہ جھکے سجدہ ادا ہوتا ہے

ستم و جورِ زمانہ سے نہ گھبرا او خمارؔ
سنتے آئے ہیں غریبوں کا خدا ہوتا ہے

○

آتشِ تر

○

یہی تنکے ابھی بر ہم نظامِ گلستاں کر دیں
مرتّب ہم اگر ان کو بہ شکلِ آشیاں کر دیں

محبّت کا کسی کی دے کے جاں بھی امتحاں کر دیں
وفا کے نام پر اِک اور سعئی رائیگاں کر دیں

غنیمت ہو گیا بنتے ہی یہ بجلی گر پڑی ورنہ
اِرادہ تھا بہارِ گُل کو جذبِ آشیاں کر دیں

محبّت میں کسی سے مل کے چھُٹ جانا بس ایسا ہے
کہ جیسے نزع کی جانکاہیوں کو جاوداں کر دیں

آتشِ تر

وہ رُت بدلی زمانے کی وہ شورِ اُٹھ بہار آئی
خمار اب اُڈو آہیں بہ یادِ آشیاں کریں

○

○

اب شوخیاں کسی کی ہیں قیدِ حجاب میں
طفلی نے انتقام لیا ہے شباب میں

دہ پوچھ بیٹھے پیار سے ہنس کر جو حالِ دل
دامن بھگو بھگو کے لیا ہم نے جواب میں

تیرا نوکِ جیب پہ ہے سر ہا ہوں میں
یارب ملا دے خواب اجل میرے خواب میں

تم ہو کہیں خمارِ حسنیں اور وہ کہیں
شکوے یہ کس سے ہو رہے ہیں اضطراب میں

○

آتشِ تر

◯

کیف و سرور جو بھی بن، بے حد و بے حساب بن
نشہ نہ بن شراب بن، نغمہ نہ بن رباب بن

مستِ خیالِ تاب کے، مستِ شرابِ ناب بن
زاہدِ خود فریب بُھآ، ذرّہ سے آفتاب بن

غافلِ مستیِ شباب، حشر اُٹھا بدل نظام
اور نہ اسیرِ انقلاب، حاصلِ انقلاب بن

فکر کشود و بست کیا، فکرِ بلند و پست کیا
دنگ نہ شکست کیا، موجِ پُر اضطراب بن

آتش تر

تیری یہ بے قراریاں ننگِ وفا ہیں اے خمار

خرمنِ شوق پھونک دے عشق میں کامیاب بن